Couverture inférieure manquante

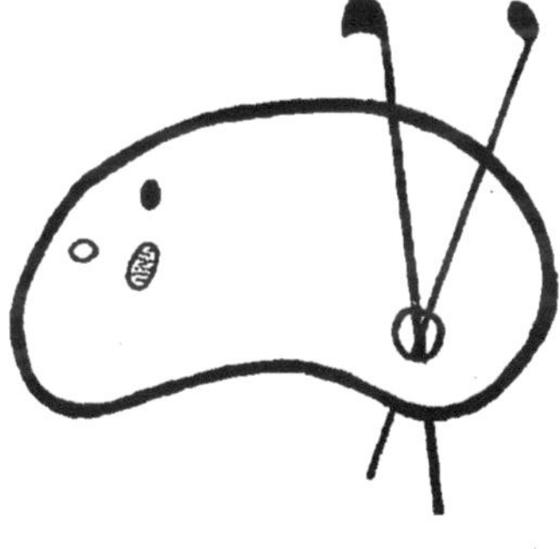

DEBUT D'UNE SERIE DE DOCUMENTS
EN COULEUR

Voyage

du

Major de Serpa Pinto

A travers l'Afrique australe

par

Gabriel Gravier.

Ancien Président de la Société normande de Géographie

(Extrait de l'*Exploration*, Juillet-Août 1881.)

Paris

F. Levé, imprimeur, 17, rue Cassette.

—

1881

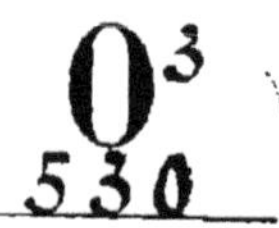

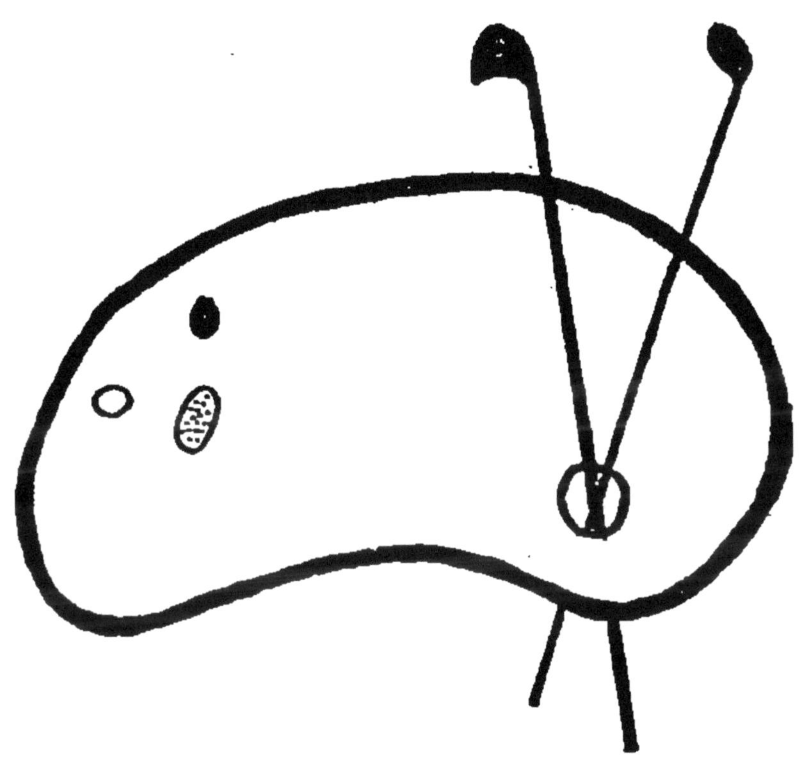

FIN D'UNE SERIE DE DOCUMENTS
EN COULEUR

Voyage

du

Major de Serpa Pinto

Voyage

du

Major de Serpa Pinto

A travers l'Afrique australe

par

Gabriel Gravier

Ancien Président de la Société normande de Géographie

(Extrait de l'*Exploration*, Juillet-Août 1881.)

DÉPOT LÉGAL
Seine
1592
1882

Paris

F. Levé, imprimeur, 17, rue Cassette.

—

1881

VOYAGE

DU

MAJOR DE SERPA PINTO

A TRAVERS L'AFRIQUE AUSTRALE

Les anciens regardaient le promontoire de Sagres comme l'éperon du navire d'Europe. Ils lui donnaient le nom de *Sacré*, parce que les dieux, disait-on, venaient s'y reposer la nuit de leurs travaux et de leurs voyages à travers le monde.

Le prince Henri le Navigateur vint s'y fixer, et c'est au bruit des flots qui fouettent incessamment ce roc, si cher aux historiens-géographes, qu'il chercha, en compagnie de savants juifs et maures, le moyen d'atteindre l'extrême Orient.

Il voulait, en contournant l'Afrique, affranchir des exactions et des tracasseries arabes le commerce portugais, étendre l'influence de sa patrie et le domaine du christianisme.

Sa première expédition prit la mer en 1415. Comme tant d'autres, elle s'arrêta devant le cap Noun, qui était, pour les Portugais, la limite de la navigation possible. *Quem passar o cabo de Não*, disait le proverbe, *ou voltará ou Noã*. D'après Candido Lusitano, les marins portugais ont hérité de leurs ancêtres une telle crainte du cap Noun, que le passer ou mourir est pour eux même chose.

Eperonnés par le prince Henri, ils finirent cependant par le passer, mais une autre barrière se dressa devant eux : le cap Bojador, que notre Jean de Béthencourt avait doublé le 6 octobre 1405.

Le peuple murmurait. Il lui semblait que le prince gaspillait inutilement les hommes et l'argent du pays. Les savants, qui tenaient pour articles de foi toutes les puérilités de la géographie systématique du moyen âge, pensaient comme le peuple et faisaient toutes les critiques qu'ils pouvaient se permettre à l'égard d'un prince.

Henri ne se laissa pas arrêter par les murmures et par les critiques. Toujours ferme dans ses idées, il traçait des cartes, rédigeait des instructions, et disait à ses navigateurs ces magnifiques paroles : « Allez vers le cap Bojador, cette barrière « infranchissable. Vous ne la franchirez pas, peut-être ; mais « vous vous élèverez au large, et vous ferez d'autres décou- « vertes. Puis vous reviendrez, et nous recommencerons jusqu'à « ce qu'il soit franchi. »

Enfin, en 1433, après dix-huit ans d'efforts, il reçoit de Gil Eannez une touffe d'herbe cueillie au-delà du cap Bojador.

Gil Eannez n'eut pas à surmonter de difficultés matérielles, c'est vrai ; mais il eut à surmonter des terreurs superstitieuses. Et s'il est vrai que la superstition est le plus lourd des boulets que traîne l'espèce humaine, on admettra que ce capitaine a mérité toutes les faveurs dont il fut l'objet, la place honorable qu'il occupe dans les fastes de la géographie. Qui nous dira ses angoisses au moment de franchir le banc d'écume qui marquait la limite du monde habitable, au moment d'engager son navire dans cet inconnu que la féconde imagination des anciens avait peuplé de monstres fantastiques? Est-ce que, sous ce soleil dévorant, la terre et l'eau n'allaient pas lui manquer en même temps? Cette question, qui nous paraît enfantine, était alors bien redoutable, et, pour en tenter la solution, il dut préférer la mort à la honte de manquer à sa parole, il dut vaincre ses folles terreurs et celles de son équipage.

Le passage du cap Bojador ouvre une ère nouvelle ; c'est l'une des plus grandes victoires des marins portugais.

De ce moment tout change. Aux préventions succède l'enthousiasme.

Chacune des expéditions du prince gagne du terrain sur celle qui l'a précédée.

En 1460, au moment de sa mort, le pavillon portugais flottait au cap Mesurado, non loin des côtes où, un siècle avant, nos marins de Dieppe et de Rouen allaient échanger leurs produits contre l'or, l'ivoire et la malaguette du pays des Noirs. Ce vaillant homme eut donc le bonheur de voir sa patrie sur la route des grandes découvertes, et, sans se bercer d'illusion, il put en prévoir les glorieuses destinées.

Moins de quatorze ans plus tard, le roi Affonso V cherchait, par l'Ouest, la route directe des Indes, et Christophe Colomb, qui faisait son instruction nautique en Portugal, préparait sa fameuse expédition de 1492.

En 1486, Bartholomeu Diaz découvre le cap des Tempêtes, que Joam II, avec un grand bonheur d'expression, nomme cap de Bonne-Espérance. Un peu après, Pero de Covilham affirme, sur des renseignements qu'il a recueillis chez les Arabes, la possibilité de contourner l'Afrique.

En 1497, Vasco da Gama, vainqueur du géant Adamastor, touchait à Mélinde; le 20 juin 1498, il arrivait à Calicut, à ces pays d'Orient que rêvaient tous les Européens.

Presque dans le même temps, un accident de mer portait Cabral sur les côtes du Brésil.

En 1520, un marin conçut et exécuta le premier voyage de circumnavigation, c'était encore un Portugais : Fernam Magalhães.

Le xve siècle n'était pas écoulé que déjà les Portugais s'engageaient dans l'intérieur du continent africain. On les trouve sur le Zambezi, sur le Congo, sur les grands lacs. On assure même qu'un missionnaire a fait la traversée de l'Atlantique à la mer des Indes. Ils évangélisent, trafiquent et bataillent. Ce qui stimule leur zèle, ce qui excite leur convoitise, ce sont les fabuleuses mines d'or et d'argent du Monomotapa et de l'Angola.

Ils ont beaucoup vu, on n'en saurait douter, et peut-être qu'à la fin du xviie siècle l'Afrique était mieux connue qu'au commencement du xixe. Mais les voyageurs n'avaient pas le moyen de faire des observations scientifiques ; leurs renseignements, toujours indécis et flottants, ne donnaient pas prise aux cartographes. Parfois une carte, un globe, donne un détail d'une étonnante précision, mais ce détail n'est pas reproduit ; l'erreur, qui semble avoir tant de charmes, qui jouit de la puissance vitale des plantes nuisibles, reprend sa place et s'y perpétue.

Nous voyons ainsi, par les cartes des xvie et xviie siècles, que la géographie de l'Afrique centrale, malgré sa nomenclature très surchargée, était purement conjecturale.

En 1700, par respect de la science (non en 1793 ou 94 et par haine des moines, comme l'a dit l'abbé Durand), Guillaume de l'Isle, géographe du roi, a retranché de la carte d'Afrique tout ce qui ne reposait pas sur une base certaine. Tous les géographes du xviiie siècle ont consacré son œuvre, tous ont reconnu que l'intérieur du continent était une immense *terra incognita*.

Les vieux voyageurs ont cependant rendu un grand service : ils ont formé une chaîne ininterrompue entre les glorieuses expéditions du xve siècle et celles que nous impose aujourd'hui notre situation économique et industrielle.

Sollicité par ses souvenirs et par ses intérêts présents, le Portugal est rentré dans la carrière et avec un succès digne des vieux *descobridores* du prince Henri.

Sur la proposition de M. João de Andrade Corvo, ministre de la marine et des colonies, les Chambres portugaises ont voté, pour un voyage d'exploration, un crédit de 30 millions de reis, soit 169,000 francs.

Le but fixé par la loi était : 1° l'exploration scientifique des pays compris entre l'Angola et le Mozambique ; 2° l'étude des relations entre les bassins hydrographiques du Zaïre et du Zambezi; 3° la recherche des chemins les plus faciles et les plus sûrs pour le commerce licite entre les deux océans, 4° la répression du trafic des esclaves que nous sommes accusés, dit le ministre, de tolérer sur les terres portugaises, à l'ombre même de notre drapeau.

Un décret du 11 mai 1877 a désigné pour diriger cette mission :

M. Hermenegildo Carlos de Brito Capello, lieutenant en premier de la marine ;

M. Alexandre Alberto da Rocha Serpa Pinto, capitaine au bataillon de chasseurs n° 4 de l'armée royale;

M. Roberto Ivens, lieutenant en second de la marine.

Nous avons déjà parlé des travaux de Capello et d'Ivens; nous y reviendrons peut-être un jour, quand ils seront complètement connus. Pour aujourd'hui, nous limiterons notre étude à l'œuvre de Serpa Pinto.

Serpa Pinto est né le 20 avril 1846, à Sinfães, sur la rive gauche du Douro.

Il fut admis à l'école militaire en 1858 et nommé alferez en 1864.

En 1869, il prit part à la guerre contre les Massanganos, tribu des rives du Zambezi, à l'ouest des monts Lupata.

Après une rapide étude des possessions portugaises de

l'Afrique orientale, il revint en Europe avec le vif désir de parcourir l'intérieur du continent noir.

La vie de caserne lui laissa des loisirs. Il en fit deux parts, comme Jean de la Fontaine, mais à l'encontre du poète il donna l'une à l'étude de l'Afrique, l'autre à l'étude du ciel. En même temps, il écrivit force mémoires, qui furent religieusement enterrés dans les cartons des ministères.

Quand, stimulé par ses souvenirs historiques, par les brillantes explorations de Cameron et de Stanley, par la Société de géographie de Lisbonne, le gouvernement décida l'envoi d'une mission scientifique dans le continent africain, Serpa Pinto était prêt. On le savait. On agréa ses offres. Immédiatement il se rendit en France et en Angleterre pour consulter les savants et faire l'acquisition de son outillage.

Le 12 novembre 1877, il partit de Benguella, en compagnie de Brito Capello et de Roberto Ivens.

II

Ils prirent une route plus méridionale que celle de Cameron. Ils ne se souciaient pas de remonter la voie de l'illustre explorateur, et le débordement des rivières ne leur permettait pas de prendre la route plus septentrionale, que M. Henry Duveyrier appelle la grande route du commerce, ou *Caminho grande.*

Ils se dirigent donc au sud-ouest, sur Dombe Grande, dont ils rectifient la position.

A Dombe ils tournent au sud-est, vers Quillengues, où ils arrivent le 12 décembre. Le fort, situé à une altitude de 900 mètres, était jadis, au temps de la traite des noirs, une position importante. Il est aujourd'hui tout délabré, ses canons gisent à côté de leurs affûts vermoulus, sa garnison de six hommes est armée de fusils du modèle de 1814.

Le pays est fertile. Les habitants sont grands, robustes, belliqueux, mais peu industrieux. Ils achètent leurs femmes, pas cher, il est vrai, mais ils les achètent. La femme vaut, pour mieux dire, la femme est vendue quatre mètres d'étoffe et deux bouteilles d'eau-de-vie.

Il est permis de croire qu'ils aiment beaucoup leurs femmes, puisqu'ils les achètent; il est certain qu'ils aiment encore mieux l'eau-de-vie, car pour une bouteille de la précieuse liqueur ils sacrifient tout, même l'honneur conjugal.

Les explorateurs partent de Quillengues le 1er janvier 1878, et montent au nord-est, vers Caconda. La distance entre Quillengues et Caconda est d'environ 90 milles, et la différence d'altitude de 776 mètres. Le chemin est difficile, escarpé.

Par suite de son altitude de 1676 mètres, le plateau de Caconda, bien qu'à 13° 44' de l'équateur, jouit d'un climat tempéré; par contre, il y a une grande différence entre la température du jour et celle de la nuit.

Serpa Pinto a entendu dire que le plateau de Caconda produit les fruits de l'Europe. Il n'a pu vérifier le fait; l'acclimation lui en paraît au moins très possible. Les pommes de terre y sont abondantes et de bonne qualité; malheureusement leur transport à Benguella est si coûteux qu'il faut les consommer sur place.

Caconda est dans un site admirable, sur un affluent du Cunene. Au point de vue stratégique la position est importante. Malgré tous ses avantages de climat, de fertilité, de position, Caconda est en décadence comme toutes les anciennes possessions portugaises de l'intérieur de l'Afrique.

Serpa Pinto y trouva M. Anchietta.

Le célèbre naturaliste s'était installé à 200 mètres de la forteresse, dans les ruines d'une église, et vivait aussi confortablement qu'à Lisbonne, entouré de livres, d'instruments et de collections.

Serpa Pinto ne trouve pas de porteurs à Caconda. Il est informé que Jose Duarte Bandeira peut lui venir en aide, et va le trouver à Vicete, sur la rive droite du Cunene, près de l'endroit où ce fleuve coupe le 14° parallèle, à 30 milles environ de Caconda.

Ce puissant potentat lui fait bon accueil et lui promet 120 porteurs, à condition qu'il recevra pour ses honoraires un baril d'eau-de-vie. Malgré sa promesse formelle et l'attrait de la récompense, il n'a pas envoyé un seul homme.

Serpa Pinto se sépare alors de ses compagnons Capello et

Ivens et part le 8 février, avec quelques hommes seulement, pour Quipembe.

Quipembe est un grand village bien fortifié, bien situé, à 1550 mètres d'altitude et à 17 kilomètres de Caconda.

Les naturels éprouvent pour les blancs autant de crainte que d'admiration. Quelques dizaines d'hommes, de femmes et d'enfants entourent Serpa Pinto, à distance, et fuient en tumulte au moindre de ses mouvements. Dans l'espoir de les apprivoiser, il leur offre quelques bagatelles. Les plus hardis approchent, craintivement, pas à pas, toujours prêts à se sauver, arrachent des mains du voyageur l'objet qui leur est offert et s'éloignent rapidement, comme mus par une peur terrible.

Ce n'est pas dans ce pays que Serpa Pinto peut trouver des porteurs. Il continue donc à gravir les côtes et à franchir les nombreux affluents du Cunene qui le séparent du Sambo.

La marche est difficile. Les rivières, bien qu'à leur naissance, ne sont pas toujours guéables et souvent leurs rives sont escarpées. La contrée est très belle. Pessange, à 15 ou 16 milles de Quipembe, offre au voyageur le plus beau paysage qu'il ait jamais vu, une végétation splendide animée par une multitude d'oiseaux. Dans les rivières se traîne le lourd hippopotame. Malheureusement, on risque à tout instant de mettre le pied sur un serpent dont la morsure est mortelle.

Pour la première fois, à Pessange, il eut pour ciel de lit la voûte étoilée. Il n'en dormit pas moins bien, mais à son réveil il vit, près de sa couche, un serpent venimeux.

Enfin à Canjongo, libata situé à deux milles au nord de Pessange, le sova lui donne une quarantaine de porteurs, qu'il envoie à Caconda, sous la conduite du lieutenant Aguiar.

Le 11, il est pris de fièvre. Le 12, à Palanca, bien que très souffrant, il fait sa première observation astronomique. Il trouve que le libata ou village est situé par 13° 20' de latitude sud et 13° 7' de longitude est (méridien de Paris).

Il continue de monter au nord-nord-est et arrive le lendemain au village de Capôco, par 13° 9' de latitude sud et 13° 10' de longitude est. Le sova de Capôco est fils du puissant chef du Huambo.

C'est dans le libata de Capôco que commence ce que Serpa Pinto appelle ses vingt jours d'angoisses.

Le 14 février, il passe la Caláe, grand affluent du Cunene, et arrive à Bilombo, où il est très bien reçu. Mais il apprend, par des lettres de Capello et d'Ivens, qu'il ne doit compter sur aucun secours.

Sa position est critique. Il est dans un pays où Silva Porto, le vieux *sertanejo,* qui avait impunément parcouru de si grands espaces, eut à soutenir de rudes combats. Jusqu'alors on a cru que Serpa Pinto formait l'avant-garde d'une forte colonne, et on l'a respecté par crainte de représailles. On saura désormais qu'il est isolé, avec dix hommes seulement. Que fera-t-il? Caconda n'est qu'à trois jours de marche, mais y retourner c'est renoncer à son voyage. Le Bihé est à vingt jours ; y aller, c'est jouer sa vie et celle des dix hommes qui dorment avec confiance autour de lui.

Un souvenir d'école, un adage romain lui traverse l'esprit : *Audaces Fortuna juvat.* Par Dieu! s'écrie-t-il, si la Fortune aime les audacieux, j'aurai droit à toutes ses faveurs. Et alors il dit, comme l'infortuné colonel Flatters : A Dieu va! arrive que pourra! Le 20, au matin, il fait partir quarante porteurs que le sova Capôco lui a procurés. Il doit se mettre en route une heure plus tard, mais un violent accès de fièvre le retient jusqu'à cinq heures du soir. A ce moment, il sort avec son petit Pepeca, qu'il charge d'un fusil.

Il admirait la campagne et cherchait pour son dîner quelque petite pièce de gibier. Tout à coup il voit venir à lui un buffle énorme et furieux. Comme il est très bon chasseur, cette vue ne lui inspire aucune crainte ; mais, en prenant l'arme des mains de l'enfant, il se rappelle qu'elle est chargée à plomb. Jugeant qu'il est perdu, il envoie une pensée à sa femme, une pensée à sa fille, et fait feu à dix pas, naturellement sans produire le moindre effet. A l'instant où l'animal allait l'éventrer d'un coup de corne, il lui tire son second coup et se jette de côté. Le buffle continue sa course vertigineuse et disparaît dans le matto.

Le jeune Pepeca, qui n'a pas conscience du danger, applaudit et se moque du terrible animal.

Serpa Pinto n'échappe aux cornes du buffle que pour tomber dans un autre danger. Les quarante porteurs donnés par le sova Capôco pour aller jusqu'au Sambo ont pris la fuite et laissé leurs charges au village de Quibungo. Les habitants de ce village ont dérobé un fusil, une chèvre et un mouton. Ses dix fidèles se montrent alors si déterminés que les deux cents furieux qui les menacent se dispersent, les laissent fouiller les cabanes et reprendre les animaux volés.

Le lendemain, il continue sa route avec vingt-sept porteurs que lui procure son ami Capôco.

Dans le pays du sova Capôco, les vierges portent aux jambes, ou seulement à la jambe gauche, un bracelet en bois, et ce serait un crime pour les familles de laisser cet ornement aux filles qui n'ont plus le droit de le porter. Cela rappelle la chaînette des vierges carthaginoises, si bien mise à profit par notre compatriote Gustave Flaubert.

Tous les peuples du Huambo et des environs ont des kiosques publics où ils font la conversation, causent de guerre, de chasse et, comme partout où il y a des jeunes filles et des jeunes garçons, *tambem de amor*.

C'est dans le Huambo que commence le grand luxe des coiffures tant des hommes que des femmes. Ces merveilleuses coiffures exigent jusqu'à trois jours de travail et se conservent plusieurs mois. Celles des femmes sont ornées de quantité de perles blanches et rouges qui sont importées de Benguella. Le reste du costume des dames, quand elles en ont un, se réduit au *cingulum pudicitiæ*.

La poudre, les armes et le sel de cuisine ont une grande valeur dans le Huambo.

Serpa Pinto passe le Cunene et plusieurs autres cours d'eau sur des ponts faits de troncs d'arbres. A l'endroit où il coupe l'itinéraire, le Cunene coule à l'altitude de 1536 mètres.

A Dumbo, c'est le revolver au poing que Serpa Pinto défend son bien contre des amateurs forcenés d'eau-de-vie, qui le laissaient sans vivres. Sans la prudence de son noir Verissimo, il aurait perdu beaucoup plus qu'un baril d'eau-de-vie.

Ainsi, trois fois en quatre jours, il s'était vu en danger de mort.

Entre Dumbo, à 1700 mètres d'altitude, et Burundoa, à 1646 mètres, par environ 13° 48' de longitude est (mér. de Paris), Serpa Pinto trace la ligne de partage des eaux entre le Cunene et le Cubango.

Quelques jours après, malgré la fièvre et des douleurs rhumatismales très aiguës, il passe la Cutato et s'avance jusqu'à

Lamupas par 12° 49' de latitude sud et 14° 3' de longitude est (mér. de Paris), dans le pays des Ganguellas.

La race guanguella occupe, au sud, un vaste territoire. Elle se divise en quatre groupes formés de peuplades confédérées. Tous les groupes ont les mêmes usages et la même langue, mais chacun a son organisation politique particulière.

Les Ganguellas du Caquingue prennent le nom de Ganzellos. Ils sont constitués en royaume et obéissent à un chef unique.

Les Ganguellas sont agriculteurs et négociants. De tous les peuples de l'Afrique australe, ils sont, avec les Bihénos, ceux qui font les plus longs voyages.

Ils travaillent le fer assez habilement, ce qui établit entre eux et les autres peuples d'actives relations commerciales.

Ils sont fétichistes et dépourvus de toute idée religieuse.

De la côte occidentale jusqu'au Bihé, aucun peuple ne croit aux causes naturelles de mort ou de maladie. La mort et les maladies sont toujours l'œuvre « d'une âme de l'autre monde » ou d'un sorcier. Au devin de faire cette subtile distinction. Quand l'important personnage, après force jongleries, déclare que le coupable est une « âme de l'autre monde », il n'y a rien à faire; au contraire, quand il désigne un sorcier, ce prétendu sorcier est mis à mort.

Il y a des *esprits malins* dont le pouvoir est égal à celui des âmes de l'autre monde et des sorciers. Souvent ils entrent dans le corps de certaines personnes et l'on a beaucoup de peine à les en faire sortir. La même chose se passait chez nous, notamment à Louviers, il n'y a pas encore bien longtemps.

Les devins connaissent le passé, le présent et l'avenir.

Moyennant des formes très respectueuses et des présents, Serpa Pinto s'est fait dire par l'un d'eux, après les cérémonies d'usage, qu'il était, lui Serpa Pinto, le meilleur de tous les Blancs passés, présents et futurs, que son voyage réussirait parfaitement et serait une cause de grand bonheur pour ceux qui l'accompagneraient. Cette prédiction eut naturellement d'heureux effets.

Outre les sorciers, dont il a été parlé, il y a des lycanthropes et des hommes qui ont pouvoir, à ce qu'ils disent et à ce que l'on croit, d'attirer ou d'éloigner les pluies.

On ne fait rien sans avoir consulté les devins. Il en est de même chez presque tous les sauvages. Il en était de même chez les anciens et chez nous. Depuis Néron jusqu'à Catherine de Médicis, la plupart des rois et des princes ont eu des astrologues attachés à leurs personnes. En 1712, on imprimait encore en Portugal, *avec toutes les licences nécessaires*, un livre de Gaspar Cardozo de Sequeira, mathématicien de la ville de Murça, intitulé : *Thesouro de Prudentes*, augmenté par l'ingénieur Gonçalo Gomez Caldeira. Dans ce livre on enseignait aux hommes instruits, non au peuple qui ne savait pas lire, les choses les plus admirables et les plus merveilleuses. Ainsi donc, comme le dit Serpa Pinto, nous ne devons pas nous moquer des pauvres noirs de l'Afrique australe.

Quand une femme meurt en couches, son mari est tenu de la porter et de faire seul le travail de l'inhumation ; puis il paie sa vie à ses parents ou se constitue leur esclave.

Dès qu'une femme est enceinte, on demande en mariage, au mari, la fille à naître ; si l'offre est acceptée, le futur est tenu de pourvoir à la toilette de l'enfant.

Chez les personnes riches, le fiancé est tenu de faire des présents à la mère et de vêtir la fille jusqu'à l'époque de son mariage. S'il arrive que le nouveau-né soit un garçon, l'obligation de vêtir la mère et l'enfant subsiste, et dès que celui-ci atteint l'âge d'homme, il devient le *Quissongo* de celui qui l'a entretenu. Le Quissongo du Caquingue est le *Pombeiro* du Bihé et du Bailundo, c'est-à-dire un chef d'escouade de caravanes.

Ces mariages répondent à ce que nous appelons des *mariages de convenance*.

Il y a dans le Caquingue une autre croyance qui mérite d'être signalée. Il est interdit aux femmes d'approcher du camp des forgerons. Parce qu'elles causeraient des distractions aux ouvriers? Non ; parce qu'elles corrompraient le fer ! Les devins l'affirment, et ces vénérables truchements des esprits ne sauraient se tromper ni mentir.

Le 5 mars, bien que toujours très souffrant, Serpa Pinto quitte le village de Lamupas et arrive bientôt à la ligne qui sépare le bassin du Cubango de celui du Cuanza, entre les rios Liapera et Canici.

Cette ligne coupe le 12ᵉ parallèle par 14° 10' et le 13ᵉ par 14° 35' de longitude est (mér. de Paris). Serpa Pinto n'en donne pas l'altitude, mais elle ne doit pas dépasser de beaucoup 1526 mètres.

Après une tempête nocturne épouvantable, comme on n'en voit que dans les forêts africaines, il arrive devant la Cuqueima.

Cette rivière, considérablement grossie par les pluies, chariait une eau tumultueuse. Pour la passer, un mauvais canot pouvant à peine contenir deux hommes. Serpa Pinto, qui était entièrement paralysé par des rhumatismes, est placé dedans avec un rameur. Au milieu du courant il est assailli par les vagues et menacé de couler. Pour l'alléger, le rameur se jette à l'eau. D'autres vagues surviennent et le bateau s'enfonce. Serpa Pinto nage d'une main et tient de l'autre son chronomètre. Il ne sent plus ni fièvre ni rhumatismes et se rappelle le temps où, petit enfant, il jouait dans les rapides de son cher Douro. Aux applaudissements de ses noirs, il atteint la rive opposée.

Plus tard, il traversera encore la Cuqueima et reconnaîtra qu'elle est un affluent du Cuanza, non du Cubango ; qu'elle décrit un demi-cercle autour du Bihé, en le limitant à l'ouest, au sud et à l'est ; qu'elle coule au nord et non pas au sud, comme l'ont affirmé Rodrigues Graça et Ladislas Magyar.

Le mieux qu'il a éprouvé dans la traversée de la Cuqueima se maintient peu. A son arrivée à Belmonte, il est en un si pitoyable état qu'Ivens lui propose de le ramener à Benguella.

Ainsi se termine la première partie de son voyage et ce qu'il appelle, un peu emphatiquement, ses vingt jours d'angoisses, *vinte dias de agonia*.

Nous devons reconnaître que du 12 novembre 1877, jour de son départ de Benguella, au 7 mars 1878, jour de son arrivée à Belmonte, c'est-à-dire pendant 116 jours, il a beaucoup souffert au moral et au physique, et que, pour penser à continuer après de pareilles épreuves, il lui fallait un vrai courage et le culte de la science.

Depuis bientôt quatre siècles, les Portugais parcourent les régions si péniblement traversées par le major de Serpa Pinto. Dans plusieurs villages, le gouvernement de Lisbonne a des représentants.

Cependant ces régions sont peu connues. La situation du village de Dombe Grande, près de la côte et à 30 milles de Benguella, était incertaine. La Coporolo et ses nombreux affluents, qui arrosent le district de Dombe Grande, ne figurent qu'en pointillé sur les cartes, même sur celle de Serpa Pinto.

Le Congo n'a été reconnu qu'en 1874-77, et pourtant un globe de 1507 à 1515, de la Bibliothèque nationale, le représente comme coupant deux fois l'équateur.

Serpa Pinto a donc rendu un grand service à la géographie en indiquant exactement les points où son itinéraire est coupé par les affluents de la Coporolo, du Cunene, et par ceux de droite du Cubango ; en déterminant la largeur, la profondeur, le régime de ces rivières ; en traçant le cours de la Cuqueima ; en faisant de nombreuses observations astronomiques, hypsométriques, thermométriques et météorologiques.

Si les voyages portugais ont produit peu de chose au point de vue de la géographie, ils n'ont rien produit du tout au point de vue de la civilisation. Les indigènes ont conservé leurs croyances, leurs superstitions, leurs mœurs, toutes les misères de la vie barbare, avec la bonté native en moins et l'amour de l'*àgua-ardente* en plus.

Le commerce des esclaves ne pouvait avoir d'autres résultats.

Les missionnaires n'ont laissé aucune trace et rien ne permet de croire qu'ils puissent réussir de sitôt.

Le commerce seul peut conquérir ces peuples à la civilisation. Les récits de Livingstone, de Cameron, de Stanley, de Serpa Pinto le prouvent surabondamment.

III

Serpa Pinto est longtemps rivé sur un lit de douleur. La jeunesse produit enfin ses heureux effets, la santé revient et le travail commence. Il étudie sa route à travers le vaste inconnu qui sépare le Bihé du Zambezi. Son intention est de reconnaître les affluents de gauche de ce fleuve et de descendre à la mer des Indes par Zumbo, Tete et Senna.

Les marchandises et les porteurs ne suffisent pas pour une pareille expédition ; il faut aussi des instruments et le moyen de calculer sur place les observations. Pour ces calculs, la mémoire la plus sûre a besoin du secours de quelques livres.

Malheureusement, le major de Serpa Pinto a renvoyé à Lisbonne, par erreur, la caisse qui contenait ses livres de mathématiques, et pour toute bibliothèque il possède trois almanachs, une table de logarithmes sans texte, un Enrico Herculano, les poésies de Casimir d'Abreu et les *Merveilles célestes* de Camille Flammarion. Tout cela, écrit-il, ne peut pas me refaire beaucoup la mémoire pour des questions d'x et d'y.

Il n'est pas homme à se laisser arrêter pour si peu. Il fait, pour son usage, une table des racines carrées et cubiques de 1 à 1000 et un recueil de formules trigonométriques.

Cet ingrat travail terminé, il dresse une carte sommaire du Bihé, puis étudie la géographie, l'histoire, les lois, les mœurs, les coutumes et les produits du pays.

Le Bihé est très riche, très peuplé, très bien situé pour le commerce entre l'intérieur et la côte. Les Bihénos, passionnés pour les longs voyages, sont les grands négociants de l'Afrique australe. On les trouve du cap de Bonne-Espérance au Congo, et de l'Angola au Mozambique, mais ils ne comprennent pas un voyage d'exploration comme celui de Serpa Pinto.

Le Bihé, malgré ses éléments de prospérité, est en pleine décadence, parce que son principal commerce, qui était celui des esclaves à destination de l'Amérique, a été supprimé, parce qu'il a conservé le *mucano*.

Le *mucano* est la *composition* de nos anciennes lois, la substitution d'une amende aux peines corporelles encourues pour crimes et délits.

Vu d'ici, le *mucano* est bien innocent. Là-bas, c'est l'exploitation légale de celui qui possède par celui qui veut posséder. Les maris chassent le *mucano* avec leurs femmes, comme nous chassons le cerf avec nos chiens.

Tout étranger qui se hasarde dans le Bihé est entouré de pièges, guetté. C'est en vain qu'il surveillera ses gens et sera très attentif à ne rien faire contre les lois : il subira une pluie de *mucanos*, et s'il parvient à sauver un tiers de son avoir, il se tiendra pour favorisé. Il est naturel que le commerce s'éloigne d'un pareil coupe-gorge.

Que les Bihénos continuent à faire leur régal de viandes en putréfaction, qu'ils continuent à se disputer des morceaux de lion, de chacal, de hyène, de crocodile et de chien, mais qu'ils abolissent le *mucano*.

Les Bihénos ne sont pas précisément cannibales ; cependant, de temps en temps, une tranche de chair humaine leur fait plaisir.

Ils aiment beaucoup le vieillard à tête blanche. C'est un mets délicieux, en haute estime.

Ils adorent la femme.... rôtie ou bouillie. Quand les sovas donnent des festins ou *quissonges,* ils mangent quatre femmes et un seul homme. C'est ainsi qu'ils prétendent prouver leur amour pour le beau sexe.

Serpa Pinto avait de sérieux motifs de presser son départ : la rapide diminution de ses ressources et une peur effroyable du *mucano.*

Les vices de ses gens, endormis pour un temps, se réveillaient et rendaient sa situation de jour en jour plus inquiétante.

Son Augusto, par exemple, était brave, sûr, dévoué, mais il avait un défaut, un défaut de race : il était fou des femmes. A peine arrivé dans un village, il trouvait moyen de s'y marier. Il avait pris femme à Dombe, à Quillengues, à Caconda, dans le Huambo; au Bihé — on y était depuis si longtemps! — il s'était déjà marié trois ou quatre fois.

Un jour Serpa Pinto se met en colère et menace de l'abandonner. Augusto se met à ses genoux, lui promet de s'amender, le prie de lui donner une pièce d'étoffe pour contenter ses femmes, et lui jure ses grands et petits dieux qu'à l'avenir Marcolina, sa femme de Benguella, sera sa seule épouse.

Serpa Pinto, heureux de son repentir et de sa bonne résolution, lui donne une pièce de cotonnade.

Sur le soir, il entend un grand bruit, des chants d'allégresse. La curiosité le pousse du côté du rassemblement, et il voit.... Augusto qui fête un nouveau mariage avec une fille du village de Jamba!

Un pareil don Juan pouvait, à tout instant, tomber dans les filets d'une belle dame et amener sur son maître un déluge de *mucanos.*

Le major de Serpa Pinto était donc très pressé de quitter le Bihé.

Il achète et répare lui-même des fusils hors de service laissés par Cameron. Avec deux ouvriers indigènes, il forge des balles en fer. Le 6 mai, quand lui arrive sa poudre, il met une quarantaine d'hommes à faire des cartouches.

Le 12, il veut se mettre en route, mais de tous ses porteurs, réunis à grand'peine, il ne lui en reste que trente. Un noir de Silva Porto a fait déserter les autres en leur disant que le major les emmènera jusqu'à la mer et les vendra.

Serpa Pinto reforme sa caravane et va camper à quelques milles de Belmonte, pour la soustraire aux mauvaises influences.

Le 29, il annonce le départ pour le lendemain, et le même soir des bruits inquiétants circulent, amènent une nouvelle panique, une nouvelle désertion. Enfin le 6 juin il lève le camp, avec le peu de porteurs qui lui restent, et fait route à l'est.

Le 7 il est pour la seconde fois sur les rives de la Cuqueima, à peu de distance de son confluent avec le Cuanza. Il la passe sur son mackintosh, ce qui n'est pas une petite affaire, car elle a 80 mètres de largeur, 3 de profondeur et une vitesse de 120 mètres par minute.

Le 9 juin il campe sur la rive gauche du Cuanza, au milieu de populations ganguellas.

Un homme vient lui demander l'hospitalité. Il la lui accorde, malgré une certaine répugnance.

Dans la nuit, un bruit anormal attire son attention. Il apprend que son hôte a introduit dans le camp une chaîne d'esclaves et qu'il leur met les fers.

Une caravane d'esclaves dans son camp, où flotte la bannière portugaise! Il croit entendre les voix accusatrices de Livingstone et de Cameron, bondit de colère et veut faire sauter la cervelle au négrier. Puis, se ravisant, il appelle devant lui tous les pauvres esclaves, jette leurs fers dans le Cuanza, leur rend la liberté, et, pour assurer leur fuite, enchaîne leurs conducteurs.

Quand on pense aux horreurs de la traite, on se demande pourquoi Serpa Pinto n'a pas pendu ces misérables négriers. Ces hommes ne sont pas des hommes, mais des bêtes féroces qu'il faut tuer comme on tue des chiens enragés.

Il attend vainement, jusqu'au 14 juin, les porteurs que doit lui amener un devin de ses amis; il part alors, après avoir détruit soixante et une charges.

Il observe que les femmes quimbandes se rapprochent du type caucasique et que plusieurs seraient belles si elles n'étaient noires. Elles ont pour tout vêtement un morceau d'étoffe grand comme la main, mais elles manifestent une tendance à se couvrir davantage.

Les hommes portent deux petites peaux d'antilopes attachées à une ceinture de cuir, et les sovas se drapent dans des peaux de léopards.

Les Quimbandes ne travaillent pas, ne voyagent pas, font cultiver la terre par les femmes et limitent leur trafic à quelques échanges avec les Bailundos.

Le pays est arrosé par plusieurs affluents du Cuanza. Le climat est sain, la population soumise et susceptible d'un rapide développement.

Tous les cours d'eau que le major de Serpa Pinto a rencontrés jusqu'alors coulent à l'Atlantique. En arrivant, le 30 juin, à la Cuito, affluent de gauche du Cubango, il passe sur le versant oriental. C'est le jour anniversaire de son départ de Lisbonne et, par une curieuse coïncidence, il touche à l'un des plus importants problèmes géographiques de l'Afrique australe.

A la limite du pays des Quimbandes, des Lobares et des Luchazes, dans une contrée qui semble avoir été dépeuplée par les négriers, entre 12° et 12° 30' de latitude sud et par 15° 40' de longitude est (mér. de Paris), se trouve le plateau de Cangala, à 1700 mètres au-dessus du niveau de la mer. Trois grands fleuves étendent leurs bras jusqu'à ce petit plateau : le Cuanza, par la Cuiba et la Cuime ; le Cubango, par la Cuito ; le Zambezi, par la Lungo-è-ungo. A la saison des pluies, les trois fleuves s'abreuvent à une coupe commune. Suivant les hasards de la brise, la goutte d'eau apportée par le nuage coule à l'Atlantique par le Cuanza, au Macaricari par le Cubango, ou, soumise aux caprices du Zambezi, elle va se perdre dans la mer des Indes, à l'énorme distance de 1440 milles.

Pour augmenter l'importance de la situation, l'immense Congo, par l'un de ses bras, le Quango, s'en approche à moins de 30 milles.

Le Zambezi n'est malheureusement pas constamment navigable.

Comme un cheval sauvage, il fait souvent des bonds formidables. Patience ! un jour le cavalier blanc le pressera de ses genoux d'acier, le domptera et lui fera porter ses marchandises et sa civilisation. Alors, le plateau de Cangala sera le grand entrepôt de commerce de l'Afrique australe.

Après avoir fait la carte de cette importante position, Serpa Pinto revient sur son itinéraire, au passage de la Cuito.

Il y rencontre une nouvelle caravane d'esclaves commandée par trois nègres. Il commence par arrêter ces trois coquins, puis annonce aux pauvres esclaves qu'ils sont libres et les engage à le suivre, leur promettant de les ramener à Benguella. Tous lui répondent, l'un après l'autre, qu'ils ne souhaitent pas sa protection et le prient de les laisser partir comme ils sont venus.

Que feraient-ils, en effet, de leur liberté? Ils viennent de contrées diverses et très éloignées. Ils mourraient de misère ou tomberaient aux mains de nouveaux maîtres. Les chasseurs d'hommes ont d'ailleurs incendié leurs villages, égorgé leurs familles, dispersé leurs tribus. Où donc iraient-ils?

Serpa Pinto a le cœur serré. Il ne veut pas toutefois les emmener malgré eux. Sait-il ce que lui réserve l'avenir? Sait-il les misères et les dangers qui l'attendent dans ce vaste inconnu qu'il ne fait qu'entrevoir?

Il continue sa route à l'est, par le pays des Luchazes, coupe près de leurs sources les affluents du Cubango, puis traverse une contrée dépeuplée, où sourdent plusieurs grands affluents du Cuando. Il fait le relevé topographique du marais qui donne naissance à cette grande rivière, à 1362 mètres au-dessus du niveau de la mer, par 12° 59' de latitude sud et 16° 38' de longitude est.

Continuant sa route à l'est, il arrive aux sources de la Cubanguy, affluent du Cuando, et la descend sur son bateau de caoutchouc.

La Cubanguy est couverte d'une épaisse végétation et nourrit beaucoup de crocodiles, que les indigènes disent inoffensifs. S'ils sont inoffensifs, ce qui n'est guère dans leur nature, c'est qu'ils trouvent dans la rivière une nourriture très abondante.

Le plus curieux de ses habitants est un antilope aquatique, animal fort timide que les crocodiles ont chassé du bas Cuando et du Zambezi, où Livingstone en a vu des troupeaux en 1860. D'après des renseignements recueillis par M. Selous, ce gracieux animal se trouverait encore sur les rives du Cafucué.

Le 25 juillet, Serpa Pinto va camper sur la rive droite de la Cuchibi, autre affluent du Cuando, dans le pays des Ambuellas, au libata de Muene-Caú-eu-hue.

Dans l'après-midi, ses noirs lui amènent deux chasseurs. Les pauvres gens tremblent de peur. Ils se croient au dernier jour de leur existence, tout au moins de leur liberté.

Serpa Pinto les reçoit bien, les assure qu'ils sont libres, les gratifie de quelques colliers de perles pour leurs femmes, les fait manger et les prie de le conduire à leur bivouac.

Ils discutent vivement entre eux dans une langue inconnue et finissent par consentir.

Après une heure de marche à travers bois, ils arrivent à une clairière où Serpa Pinto trouve trois hommes, sept femmes et cinq enfants.

Pas de cuisine. Ils vivent de racines et de viandes rôties sans sel.

Hommes et femmes se couvrent de petites peaux de singes.

Ils ont pour armes des arcs et des flèches.

Serpa Pinto offre aux femmes des colliers de perles, qu'elles prennent brutalement et sans manifester aucune gratitude.

Ces peuples vivent par petits groupes, sans chefs, complètement libres, dans les vastes espaces qui séparent le Cubango du Cuando.

Toujours en quête de leur nourriture quotidienne, d'ailleurs habiles et vigoureux chasseurs, ils ont pour règle de ne jamais dormir deux fois dans le même campement. L'homme naît au pied d'un arbre qu'il ne verra pas et meurt au pied d'un autre arbre qu'il n'a jamais vu.

Ces peuplades, dit le major de Serpa Pinto, sont les véritables sauvages de l'Afrique tropicale du Sud.

Elles sont nombreuses, connues sous le nom de Mucassequers, et, ce qui est bien singulier, elles sont de race blanche et forment une tache ethnographique dans le continent noir.

Le Mucassequer a le visage éthiopien, les yeux obliques, les pommettes saillantes, les lèvres grosses, la tête parsemée de petites touffes d'une laine très courte. En résumé, il est très-laid.

D'après Serpa Pinto, d'accord avec M. Henri Duveyrier, il se rapproche, par certains traits, du Saân ou Soaqwa (Bojesman) et du Koï-koïn (Hottentot), c'est-à-dire des races autochtones du sud de l'Afrique.

Stanley a vu plusieurs personnes des deux sexes du Gammbaragara (sur les bords du lac Mouta Nzighé).

Les Gammbaragaras sont blancs et ne ressemblent aux nègres

que par la chevelure. Leurs femmes sont belles. Par suite des guerres et des alliances avec les captives, le sang noir pénètre dans le Gammbaragara.

L'état social de ce peuple paraît peu différent de celui de l'empire de Mteça, c'est-à-dire que les blancs de l'Équateur laissent bien loin derrière eux les blancs qui vaguent entre le 15e et le 16e parallèle sud.

Quand Serpa Pinto revint à son campement, il le trouva en fête. Tous les habitants du village, hommes, femmes, filles, musiciens, y étaient venus, et l'on s'y livrait à une danse frénétique. Était-ce la cachucha nationale de l'Angola et du Mozambique, cette danse passionnée que Jacques Arago n'osa pas décrire ?

A la nuit, les hommes se retirent discrètement, un à un, laissant aux étrangers les femmes et les filles.

Moene-Caú-eu-hue, le vieux sova, envoie courtoisement à Serpa Pinto ses deux filles, Opudo, âgée de 20 ans, et Capeu, âgée de 16.

Vous figurez-vous le jeune officier racontant avec sa *grandiloquéncia* méridionale, la tentation de saint Antoine? C'est cela.

La fière Opudo, froissée de sa réserve, s'écrie : « Je te dis, « Blanc, que si tu es chef du Muene-Pito (le roi de Portugal), « je suis fille de sova ». Cette étrange aventure rappelle à Serpa Pinto les temps bibliques et Joseph, fils de Jacob.

Dans le pays des Ambuellas, il y a des serpents vénimeux et des scorpions de dix à douze centimètres de tour : il en a moins peur que de cette jeune fille, qui se croit déshonorée par le dédain d'un chef blanc.

Le frère du sova, jadis vendu comme esclave, a servi dans les troupes du Loanda et parle bien le portugais. Intrépide chasseur, il a souvent fait des excursions jusqu'à Linianti.

Il apprit à Serpa Pinto que le Cuando est complètement navigable, mais couvert d'une puissante végétation qui gêne parfois la manœuvre des barques ; qu'il conserve son nom de Cuando jusqu'à Linianti, et que, de ce point à son confluent avec le Zambezi, les naturels l'appellent Linianti, non Chobé ou Tchobé, comme le portent les cartes. C'est bien Chobé que les Macololos appelaient le bas Cuando en 1860, quand Livingstone explora le Zambezi. Mais les Macololos ont perdu leur autonômie et leurs successeurs ont changé Chobé en Linianti.

Au lieu de descendre le Cuando, ce qui faciliterait singulièrement son voyage, Serpa Pinto se prépare à traverser le désert qui sépare les Ambuellas du Barotzé.

Le 4 août, il quitte l'aimable population qui lui fit si bon accueil. Les deux filles du sova, qui l'ont beaucoup aidé dans ses préparatifs, conduisent les porteurs ambuellas et continuent, pendant plusieurs jours, à l'entourer de leurs soins compromettants.

Sur les rives de la Chicului, il entend toute la nuit, autour de son campement, le rugissement des lions et des léopards.

L'étape suivante est à la Chalongo, affluent de la Chicului, que les cartographes nomment Longo et font couler au Zambezi.

Sur la Ninda, affluent de la Nhengo, qui se jette dans le Zambezi à hauteur de Lialui, un chœur de hyènes s'ajoute à celui des lions et des léopards, et Serpa Pinto trouve cette musique désagréable !

Le 17 août, il arrive sur la Nhengo. Les vivres lui manquent alors complètement. Le lendemain il fait, pour s'en procurer, de vaines tentatives. Le 19, il part pour Lutué, le Cacapa des Bihénos, où il espère en trouver, mais les habitants refusent absolument d'en vendre.

Le 20, quatrième jour de jeûne, Serpa Pinto décide qu'il aura des vivres de bon gré ou de force.

Il se met à la tête de ceux de ses hommes qui tiennent encore debout, marche à l'attaque du village, s'en empare sans coup férir, prend dans les celliers ce qu'il lui faut de patates douces et laisse en paiement des marchandises.

Les habitants, émerveillés de sa générosité (ils n'ont probablement encore vu que des négriers), promettent de lui porter désormais tout ce qu'il demandera.

Le 22 août, il arrive à Cunhete, premier village des Luinas. Beaucoup de jeunes filles lui apportent des vivres. Toutefois il ne peut obtenir ni sel ni tabac, ces denrées n'étant pas vendues sans la permission du roi, si ce n'est par contrebande.

La position de Serpa Pinto va changer du tout au tout, pour un temps. Le 24 août 1878, quand il arrive à Lialui, le sova Lobossi, homme de vingt ans, lui fait une réception solennelle, met à sa disposition une belle case, lui envoie des grands personnages et des vivres à discrétion.

Le voilà enfin dans le haut Zambezi, dans la contrée qu'il souhaitait si fort d'atteindre, où de grands problèmes géographiques sont encore à résoudre.

Malheureusement ses ressources sont complètement épuisées. Il ne peut plus compter que sur le produit de sa chasse et les secours des sovas.

Il fait don à Lobossi, dans une audience privée, d'un costume magnifiquement galonné provenant de la livrée du marquis de Penafiel. Il est chaudement remercié, puis on cause des langues parlées dans le Barotzé. Ces langues sont au nombre de trois : le ganguella, le luina et le sezuto. Le sezuto est un legs des Macololos. Ce peuple, bien que vaincu, a modifié si profondément les coutumes des vainqueurs, que sa langue est devenue la langue officielle, même la langue élégante de la cour.

Serpa Pinto propose à Lobossi d'ouvrir la route de Zumbo et d'établir des relations commerciales entre les Portugais de l'est et le Barotzé. Le sova promet son concours. Il est aussi convenu que Lobossi enverra une caravane marchande à Benguella.

La promesse relative à Zumbo resta sans effet. Quant à la caravane marchande, elle fut envoyée. C'est un beau succès pour Serpa Pinto, car amener les noirs dans nos établissements, c'est le moyen le plus rapide et le plus sûr d'effacer les préventions qui nous ferment l'intérieur du continent.

Avec la permission du roi, Serpa Pinto fait construire son campement à un mille au sud de Lialui.

Tout paraît sourire au major, mais cela doit peu durer. Les négriers, qui voient en lui, non sans raison, un dangereux ennemi, le poursuivent de leur haine et minent le terrain sous ses pieds. Ils ont des agents dans son camp et un puissant protecteur dans l'un des ministres de Lobossi.

A l'instigation de ce ministre, Lobossi déclare la guerre aux Chuculumbes, peuplade de la rive gauche du Cafucué, ce qui devient, pour les *pombeiros* du Bihé, un motif de désertion.

Après cet abandon, l'escorte n'est plus que de cinquante-huit hommes.

Les relations avec le sova deviennent de plus en plus difficiles. A la suppression des vivres succèdent les tracasseries. Tous les jours, ce sont des tentatives d'extorsions. La malveillance devient telle, que Serpa Pinto est victime de plusieurs tentatives d'assassinat.

Le 2 septembre, il reçoit l'ordre de partir de suite et par la route du Bihé. Il n'entend pas se soumettre et répond au messager : « Je ne partirai d'ici que pour suivre mon chemin. Vous « avez des troupes nombreuses, venez m'attaquer. Je saurai « me défendre, et si je succombe, le roi de Portugal saura me « venger. »

La mort de Serpa Pinto est alors mise en délibération dans le conseil. Il en est informé par un ancien compagnon de Livingstone qui, ayant vécu avec les blancs, ne comprend plus la haine aveugle qu'ils inspirent encore dans quelques contrées barbares.

Serpa Pinto conçoit un projet que lui-même trouve singulier. Si Lobossi prononce sa mort, il veut, avec cinq hommes déterminés, se jeter sur le conseil, qui siège sans armes, se saisir du roi et de ses conseillers intimes et proclamer à sa place l'héritier d'une dynastie déchue. Dans sa pensée, une révolution ainsi conduite doit d'autant mieux réussir que le pays aime assez les révolutions.

Il n'en sera pas réduit à tenter cette dangereuse aventure. Le lendemain le sova vient lui annoncer que tous les chemins sont ouverts; qu'il lui donnera des guides pour aller jusqu'à Chicheque, village de la rive gauche du Zambezi, à quarante milles environ au nord-ouest du confluent du Cuando. Toutefois, il ne veut pas prendre la responsabilité des dangers qu'il peut courir avec une troupe de cinquante-huit hommes.

Malgré les tourments et les tracasseries, Serpa Pinto fait tous les jours des observations et prend des notes sur la géographie, l'histoire, les mœurs et les avantages commerciaux du pays.

Il a remarqué, dans une assemblée où le roi rendait la justice, que beaucoup de maris accusaient leurs femmes de désobéissance.

Après discussion et mûre délibération, sa noire majesté a décidé que les femmes désobéissantes seraient garrottées et plongées jusqu'au col dans le lac, pendant toute une nuit.

Si pareille loi existait en France !... Eh bien ! elle serait sans application. Qui donc oserait dire que nos femmes ne sont pas d'une obéissance parfaite ?

Dans le Barotzé, la situation n'est pas la même que chez nous. Une femme ne suffit pas au bonheur du Luina. Il lui en fant cinq, dix, vingt, trente. L'un des conseillers du roi en a soixante-dix. On comprend, dès lors, les plaintes de ces heureux maris.

La polygamie a pour but l'accroissement de la population, mais le résultat est tout à fait contraire. Les vieillards qui ont de nombreux troupeaux épousent toutes les belles filles. Un macololos hideux, presque aveugle, mais très riche, avait les deux plus jolies femmes de Séshéké (Chicheque). Livingstone ayant demandé à l'une d'elles si elle aimait son affreux mari, qui avait au moins cinquante ans de plus qu'elle : « Oh ! non », répondit la pauvre jeune femme, « je le déteste ; il est si désagréable ! »

Les jeunes hommes qui n'ont pas de bétail, c'est-à-dire qui sont sans fortune, se passent d'épouses ou se contentent des laiderons qui ne trouvent pas de riches vieillards. C'est ainsi que la belle race macololo s'épuisa, se vicia et marcha vers sa ruine.

Ce qu'il y a de plus étrange, c'est que cet état de choses a l'approbation des femmes.

Quand Livingstone leur disait qu'en Angleterre on ne pouvait avoir qu'une femme, elles s'écriaient qu'elles ne voudraient pas habiter ce pays-là. « Elles ne peuvent pas comprendre que les Européennes s'arrangent d'un pareil usage. Suivant elles, un homme bien posé doit avoir plusieurs femmes comme preuve de sa fortune. De pareilles idées prévalent dans toute la région du Zambezi, et jusqu'au bord de la mer. Pas d'estime des voisins, pour celui qui n'a qu'une femme ».

Ils ont cependant beaucoup d'estime pour les femmes nobles. M. Henri Duveyrier raconte que des femmes luinas régnèrent effectivement, comme autrefois, chez les Macololos, Mamotchisâné, fille de Sebitouané. Cette princesse poussait même l'illusion fort loin : elle appelait son mari son *épouse*, et son fils, à elle, le fils de l'*épouse* de Mamotchisâné.

Chez les Macololos, et il en est de même chez les Luinas, un homme n'obtient une fille en mariage qu'en payant au père de cette fille un nombre de vaches proportionné à sa fortune. Livingstone dit que ce n'est pas une vente. Si ce n'est pas une vente, qu'est-ce que cela pourrait bien être ?

Si un homme obtient une fille à titre gratuit, ses enfants appartiennent au beau-père.

Est-ce que ces enfants ne sont pas livrés comme compensation du prix que l'époux n'a pas pu payer?

Dans tous les cas, le mari a sur ses femmes une autorité complète, ce qui ne paraît pas beaucoup préoccuper ces dames.

Les dames nobles ne font rien. Elles passent leur temps sur des nattes à fumer du chanvre et à boire du tapaca. Elles ont pour les servir un grand nombre d'esclaves, la plupart macalacas.

Quand le roi Lobossi a rendu de beaux jugements, comme celui qui vient d'être rappelé, il fait à Bacchus de copieux sacrifices. Quand il a bien bu, il revient juger; quand il a bien jugé, il retourne boire, et ainsi de suite jusqu'à la nuit.

Il entre alors dans son harem, où il ne reste jamais moins d'une heure.

Le moment solennel où Sa Majesté passe dans sa case à coucher, est annoncé au peuple par le son du tambour. La garde, composée d'une quarantaine d'hommes, entoure aussitôt les cases royales et chante toute la nuit, à mi-voix, tant pour bercer le sommeil du souverain que pour se tenir éveillée.

Les ministres du roi du Barotzé tiennent infiniment à leurs portefeuilles, et ils ont raison : leurs successeurs les feront assassiner, comme ils ont fait assassiner leurs prédécesseurs, pour les empêcher de faire de l'opposition et de revenir en faveur.

Le Zambezi coule dans une plaine qui mesure de 180 à 200 milles du nord au sud et parfois de 30 à 40 de l'est à l'ouest.

Cette plaine, située à 1012 mètres au-dessus du niveau de la mer, est cultivée par de nombreuses populations de l'est. La plaine du Nhengo en est séparée par une nervure de vingt mètres de hauteur qui sert d'asile aux populations pendant la saison des grandes pluies.

A ce moment, la plaine du Zambezi est couverte de trois mètres d'eau et la quantité qui passe, par heure, sur le 15e parallèle, par la gorge de Lialui, est de 240 millions de mètres cubes.

Les Luinas, qui sont agriculteurs et vivent exclusivement de légumes et de lait, cultivent la rive gauche du Zambezi, surtout en bordure du fleuve, et passent l'hiver sur les hauteurs, avec leurs vaches, qui sont toute leur fortune.

Avant l'arrivée de la race supérieure des Macololos, ils allaient nus, hommes et femmes. Ainsi vont encore leurs voisins de l'est, les Chucuhimbes; ainsi allaient leurs voisins de l'ouest, les Ambuellas, en 1849, au moment du passage de Silva Porto.

Ils tendent maintenant à se vêtir, et même à substituer aux peaux de bêtes les étoffes européennes. Ils tendent également à remplacer, par des armes à feu, leur armes nationales : les haches, la massue et la célèbre zagaie à pointe empoisonnée.

Tandis que Serpa Pinto recueillait ces renseignements, sa situation devenait de plus en plus critique. Les naturels lui refusaient des vivres, et c'est des lacs qu'il tirait toute sa subsistance. Ses hommes ne pouvaient sortir du camp sans être dépouillés, souvent battus. Il y avait parmi eux des gens affolés porteurs de mauvaises nouvelles, voyant tout en noir et se cachant peu pour prêcher la désertion.

Dans la nuit du 6 septembre, les indigènes mettent le feu au camp et s'y introduisent les armes à la main. Le combat dure une partie de la nuit et n'est terminé que par des balles explosibles lancées par Augusto. Serpa Pinto reste maître du terrain, mais non sans subir des pertes considérables.

Le 7 et le 8, il reste sans vivres. Le 9, il transporte son camp dans les montagnes, près de Catongo, à cinq ou six milles à l'est de Lialui. Là encore il lui faut vivre de poisson cuit dans l'eau, sans sel, ce qui est une nourriture désagréable et débilitante.

Dans la nuit du 10 au 11, il est réveillé par son fidèle Augusto. Il croit que c'est pour observer un passage du premier satellite de Jupiter. Hélas! c'est pour apprendre que tous ses porteurs ont pris la fuite après avoir pillé le camp.

Il sort de sa baraque et constate qu'Augusto dit vrai. Il compte son monde : trois hommes, deux femmes et trois enfants. Il fait son inventaire et trouve : ses papiers, ses instruments et cinquante-cinq cartouches, dont trente seulement peuvent servir.

Se trouver au cœur de l'Afrique, en pays ennemi, avec huit personnes et trente cartouches pour les faire vivre! Il se croit perdu et pendant vingt-quatre heures il est anéanti. Puis il redevient lui-même. Ses fidèles n'ont plus aucun souci et jouissent de leur indifférence ordinaire. Ils lui disent : « Maître sait bien ce qu'il veut faire. » Non, leur répond-il, je n'ai pas encore formé de pian. Et eux lui répliquent avec un sourire plein de confiance : « Si, si, maître a son plan ».

Serpa Pinto apprend sur ces entrefaites que Lobossi a refusé à un missionnaire anglais l'entrée du Barotzé, et que ce missionnaire est à Patamatenga, à une distance de six cents kilomètres, au sud de la cataracte de Mosi-oa-tunia.

Il décide d'aller à Patamatenga. C'est un voyage de soixante jours. Deux kilogrammes de poudre trouvés dans le camp lui ont permis de porter à trois cents le nombre de ses cartouches. Cela lui fait donc cinq cartouches à dépenser par jour. Il espère qu'en ne tirant qu'à coup sûr il parviendra à nourrir son monde.

Ce point arrêté, il va trouver Lobossi, dans son conseil. Après une vive discussion, que Lobossi soutient avec une grande subtilité, et Serpa Pinto avec une grande énergie, il est enfin décidé que l'officier portugais aura des barques et des rameurs pour descendre le haut Zambezi, c'est-à-dire cette partie du fleuve que nos cartes désignent sous le nom de Liambai (1).

Le 24 septembre, un mois jour pour jour après son arrivée à Lialui, il prend congé du sova Lobossi, qui lui fait des présents en témoignage d'amitié, et s'embarque sur un petit bras du Zambezi.

Le voilà sur la route que suivit Livingstone au début de sa carrière d'explorateur.

La rivière forme tantôt des îles, tantôt des lacs couverts de végétation où la manœuvre est difficile. Les crocodiles et les hippopotames sont nombreux et d'une audace d'autant plus inquiétante qu'il faut ménager les balles. Les rives, d'abord couvertes de belles forêts, très giboyeuses, deviennent stériles; puis apparaissent les roches plutoniques et une pompeuse végétation où se trouvent le lion et l'éléphant.

Le 4 octobre, Serpa Pinto arrive aux rapides de Situmba, où le dénivellement est de trois mètres par cent vingt mètres. Un peu en aval, le Zambezi se divise en trois branches, pour se réunir dans un lit d'environ six cents mètres et se précipiter d'une hauteur de treize mètres. Le courant se divise encore

(1) En Afrique, souvent les cours d'eau changent de nom en changeant de pays. Ainsi, le Zambezi est appelé successivement : Liambai, Louambéji, Louambési, Ambési, Ojimbési, Zambezi, et tous ces noms signifient *grande rivière*. Pour Serpa Pinto, ce nom de Liambai ne s'applique qu'à l'affluent qui se joint à la Liba pour former le Zambezi. C'est même la Liba qui paraît être la branche-mère du fleuve.

pour se réunir de nouveau, par sept rapides, dans un lit unique.

C'est la cataracte de Gonha, dont Serpa Pinto a fait le relevé.

Cette cataracte n'a pas l'importance de celle du Niagara, moins encore celle du Mosi-oa-tunia, mais elle est encadrée dans un paysage ravissant et présente l'un des plus beaux panoramas que la nature offre à notre admiration.

Trois jours après, Serpa Pinto arrive à la cataracte de Calé, puis à des rapides, puis à des cataractes, et ainsi jusqu'au 12, où, après une navigation des plus périlleuses, il atteint Catima-Moriro, la dernière des trente-sept cataractes ou rapides du haut Zambezi.

Du confluent de la Liba avec le Liambai, au-delà du 15° de latitude sud, à la cataracte de Gonha, sur le 17°, le fleuve est navigable en toute saison. De cette cataracte à celle de Catima-Moriro, la distance est de cent onze kilomètres et la différence de niveau de trente-six à trente-sept mètres. Les difficultés pourraient être surmontées sans grand travail.

A Gonha, le point difficile, la rivière forme un arc de cercle; la corde de cet arc est marquée par un canal naturel, qui est rempli d'eau pendant la saison d'hiver, et qu'il suffirait de creuser un peu pour le rendre constamment navigable.

De Catima-Moriro à l'embouchure du Cuando, la rivière est d'une navigation facile.

Le 18 octobre, à Embarira, près du confluent du Cuando, Serpa Pinto termine son émouvante navigation sur le haut Zambezi et la seconde partie de son voyage.

Au point de vue géographique, cette seconde partie est d'une importance considérable.

Le pays visité ne mesure pas moins de huit degrés en latitude.

Il a été souvent parcouru, mais sans profit pour la science et pour la civilisation. Les négriers ont mis en exécration le nom des blancs; les missionnaires n'ont laissé aucun souvenir; les marchands n'ont pensé qu'à leur trafic; le nom de Silva Porto est encore respecté, mais le vieux *sertanejo* n'a rien publié, outre que Serpa Pinto a suivi une route plus septentrionale que la sienne.

Il suffit de rapprocher la carte du jeune officier de celle de Petermann de 1877 pour apprécier l'importance de la découverte et l'intelligence de l'itinéraire.

L'officier portugais a déterminé astronomiquement les sources des affluents du Cubango et du Cuando, tracé le cours de la Cubanguy et de la Cuchibi ; il a fait l'hydrographie sommaire, depuis Lialui jusqu'à Embaria, du cours si accidenté du haut Zambezi, qu'aucune carte ne donne d'une manière satisfaisante. Il a constaté que le Cubango et le Cuando ne sont pas en communication ; que le Cuando et ses affluents offrent au commerce une route navigable d'environ trois mille kilomètres ; que le haut Zambezi, avec ses affluents la Liba et la Lungo-è-ungo, a un cours navigable de même importance.

Il a décrit l'enchevêtrement des cours d'eau qui alimentent le Cunene, le Cuanza et les deux fleuves géants du continent noir : le Congo et le Zambezi. Aux tracés hypothétiques, auxquels beaucoup de géographes préféraient un énorme blanc, il substitue un tracé ferme et sûr.

D'après les Bihénos, qui parcourent incessamment le nord du Lui, il décrit les affluents du haut Zambezi : la Lungo-è-ungo et la Loengue ou Cafucué, qui sont entièrement navigables et peuvent ouvrir à la civilisation de vastes et riches contrées.

Il a décrit la constitution géologique du sol, le climat, les conditions hygiéniques, ce qu'il a vu des richesses du pays, des mœurs, de l'état moral et de l'aptitude des peuples pour la civilisation.

Par des observations hypsométriques et barométriques de tous les jours, il a fait, pour ainsi dire, le nivellement de sa route, et l'on voit que de Belmonte, à 1681 mètres d'altitude, au confluent du Cuando, à 946 mètres, le sol décrit une pente presque uniforme.

Il résulte de sa consciencieuse étude que dans ces vastes espaces, comme dans le Benguella, la civilisation a pour obstacles la paresse, l'ignorance du bien-être matériel, l'esclavage et la polygamie. Mais en général ces peuples sont intelligents et bons, quand ils n'ont pas été corrompus par la traite. Un commerce honnête, beaucoup de douceur et de patience les amèneront à nous.

Henry Stanley a émis l'avis que nos tentatives devaient porter tout d'abord sur les grands États. Serpa Pinto est d'un avis contraire. Les chefs des petits Etats se donnent de grands airs, mais ils ne sont pas et ne peuvent pas être despotiques comme ceux des grands. Le commerce doit donc trouver près d'eux plus de sécurité. C'est aussi près d'eux que les missionnaires pourraient espérer quelque succès, si le succès était possible, ce que je ne crois pas. Les noirs ne peuvent pas comprendre leur enseignement; les devins, dont l'influence est grande, ne manqueraient pas, comme ils l'ont toujours fait, d'ameuter contre nous les populations.

IV

Après bien des difficultés avec ses porteurs et le principicule d'Embarira, il passe le Cuando et vient au campement de M. Bradshaw, naturaliste anglais.

Il est bien reçu, bien soigné, bien défendu.

Les Macalacas, qui se montrent de très mauvaise foi, l'assiègent de leurs réclamations et résolvent de l'attaquer. M. Bradshaw et son compagnon viennent se placer à côté de lui et d'Augusto. La contenance de ces quatre hommes en impose aux barbares, et M. Coillard, missionnaire français, qui vient d'arriver au campement, finit par tout arranger.

Après être resté quatre jours avec le docteur Bradshaw, Serpa Pinto part pour le kraal de Lexuma, où se trouve la famille de M. Coillard.

Les fatigues, les privations, les préoccupations ont épuisé ses forces. Le jour même de son arrivée il tombe malade. Longtemps sa vie est en danger. Mais, comme il le dit, deux anges veillent à son chevet. Naturellement, ces anges sont des femmes. L'une est Française par son mariage, l'autre par sa naissance. J'ai nommé Mme Coillard et sa nièce, Mlle Elise Coillard.

J'ai plaisir à penser qu'au moment où le jeune voyageur tombe mourant sur la lisière du grand désert de Kalahari, il trouve juste pour le recevoir les bras de deux femmes de France.

Le bon docteur Bradshaw lui prodigue aussi ses soins. Enfin, le 1er novembre, le mieux se manifeste et, quelques jours après, il est complètement rétabli.

Dans la nuit du 7, M. Coillard revient au kraal ; le 13, Serpa Pinto part avec le missionnaire Coillard et sa famille pour le kraal de Guejuma, à trente milles au sud, où ils arrivent le 15 au soir.

Les deux hommes discutent la situation. Serpa Pinto n'a plus rien. M. Coillard est dans l'impossibilité de lui donner le moyen de remonter jusqu'à Zumbo. Il faut donc descendre au sud, jusqu'à Shoshong, pour avoir des ressources. Le voyage qu'ils ne peuvent pas faire séparément, ils le feront de compagnie.

Serpa Pinto ne pouvait pourtant pas quitter la région sans voir la grande cataracte du Zambezi.

Il part le 16 novembre au matin et arrive le 19 au soir, après un voyage fort pénible.

Au temps où les Macalacas occupaient la contrée, la cataracte était appelée *Chongoué*, ce qui, d'après Livingstone, signifie *Endroit de l'arc-en-ciel.*

Avec les Macololos, elle prit le nom de *Mezi-oa-tuna*, expression sésuto que Serpa Pinto traduit par *La Grande Eau*, ou plus probablement *Mozi-oa-tunia*, nom basuto que Serpa Pinto rend par la *Fumée qui s'élève* et Livingstone par la *Fumée retentissante*, nom qu'il remplaça, en bon Anglais qu'il était, par celui de la reine Victoria.

Je me suis toujours demandé de quel droit un explorateur changeait le nom des lieux qu'il découvrait ou croyait découvrir.

Pourquoi Stanley donne-t-il le nom de Livingstone à un fleuve que nous connaissons depuis quatre cents ans sous le nom de Zaire ou Congo ? Pourquoi donner à la plus belle cataracte de l'Afrique et du monde le nom de la reine Victoria, qui figure sur les cartes quarante-sept ou quarante-huit fois ?

Nous repoussons ces orgueilleuses nomenclatures. S'il plaît aux Anglais, nous appellerons le Royaume-Uni *Victorialand* et London *Victoriatown*, mais nous conserverons au fleuve et à la cataracte les noms de Congo et de Mozi-oa-tunia.

Cette cataracte a été décrite par Livingstone, par Thomas Baines, par Holub, par Serpa Pinto. Il suffira d'en dire un mot.

C'est une nappe de 1,814 mètres de largeur, qui plonge d'une hauteur de 122 à 140 mètres dans une déchirure du basalte qui compose le lit du fleuve. Cette déchirure forme un bassin quadrangulaire, large de 100 mètres, à parois verticales.

De ce bassin s'élèvent des nuages d'eau de 160 et 250 mètres de hauteur, assez semblables aux nuages que produiraient des flottes lâchant ensemble toutes leurs bordées. Dans ces nuages, le soleil peint un arc-en-ciel d'une vigueur de tons inconnue dans nos pays.

La révolution tellurique qui creusa ce bassin dans le lit du fleuve, a creusé, du côté opposé à la chute, un canal, large seulement de 20 à 30 mètres, à parois verticales, par lequel s'échappent toutes les eaux du Zambezi. Il forme une série d'anneaux très serrés et roule à plus de 120 mètres au-dessous du niveau de l'ancien lit une couche d'eau tellement épaisse qu'elle en paraît d'un vert noir.

Livingstone disait en 1860, après avoir soigneusement étudié la cataracte et le canal titanesque qui lui sert d'exutoire : « Il n'est pas de paroles qui puissent donner l'idée d'un pareil spectacle ; un peintre accompli n'y parviendrait pas, même avec une série de tableaux ».

Mozi-oa-tunia, dit Serpa Pinto, est imposante comme la tempête pendant une nuit d'hiver. C'est la beauté dans sa plus expressive révélation de grandeur et de majesté. C'est la merveille naturelle la plus prodigieuse du continent africain.

Le 23 novembre, il part pour Patamatenga où il arrive le 26, et reçoit d'un Anglais, M. Gabriel Mayer, la plus gracieuse hospitalité. Le lendemain, il rejoint à Daca la famille Coillard.

Le 2 décembre, ils se mettent en route pour traverser le grand désert de Kalahari, dont la partie septentrionale a reçu de Serpa Pinto le nom du voyageur Baines.

Le nom de désert nous rappelle toujours à l'esprit le Sahara, des dunes, une mer de sable, la solitude. Cela n'est pas vrai pour le Kalahari. Le Kalahari est une plaine immense, coupée en différents endroits par le lit desséché d'anciennes rivières. La végétation est abondante. L'herbe couvre le sol. Des fleurs admirables répandent un parfum délicieux. Des fourrés d'arbustes, des grands arbres, même des forêts surgissent de toutes parts. Des lacs, des cours d'eau, se rencontrent fréquemment. On voit des troupeaux d'antilopes, du gibier, des rongeurs, de petites espèces félines. Ce désert est parcouru par des Beljouanas et des Massaruas que les Anglais désignent sous le nom de Buchmen, race brave devant le lion et l'éléphant, mais timide devant l'homme, surtout devant l'Européen. Il y a aussi d'affreuses plaines de sables, un Sahara inhospitalier.

Toutefois, les rivières ne roulent souvent qu'un mince filet d'eau, et, ce qu'il y a de pis, c'est que, dans les rivières presqu'à sec, l'eau est saturée de sel.

Pour s'engager dans le désert, il est prudent d'attendre les pluies. Pas de pluies, pas d'herbe pour les bestiaux, et il faut des bestiaux pour voyager dans le Kalahari !

On fait usage de lourds chariots à quatre roues, couverts de bâches posées sur des cintres. Ils servent à la fois de magasin et de chambre à coucher. Pour traîner l'un de ces chariots, il ne faut pas moins de 30 bœufs.

C'est dans cet équipage que Serpa Pinto a fait, en trente jours, le voyage de Daca à Shoshong.

Il relève en passant le cours de la Nata, qui se jette dans le Macaricari sous le nom de Chua, de la Simoane, de la Litulela ou Chuani (petite Chua) bordée d'une luxuriante végétation, fréquentée, dans la saison des pluies, par des millions d'oiseaux qui déposent sur ses rives une épaisse couche de guano. Toutes ces rivières se jettent dans le Macaricari.

Le 20 décembre, Serpa Pinto touche au bord oriental de ce lac.

Le mot Macaricari signifie, dans le langage massarua, *Bassin d'eau salée.*

Le Grand Macaricari est profond de 3 à 5 mètres, long de 120 à 150 milles, large de 80 à 100.

Comme tous les Macaricaris, il affecte la forme elliptique et son grand axe est dirigé d'est en ouest. Les eaux des pluies, en s'y vaporisant, laissent une couche de sel.

Pendant la saison des pluies, les rivières tributaires du Macaricari lui apportent l'eau reçue par le versant occidental du Matabelé.

Le Macaricari communique avec le lac Ngami par la Botletlé, belle rivière dont les bords sont admirablement boisés. Les naturels ont des barques grossières, creusées dans des troncs d'arbres, et ils ont pour elles l'affection que l'Arabe a pour son cheval. Ils y entretiennent du feu nuit et jour et préfèrent y dormir que sur le rivage, parce qu'ils y sont à l'abri des fauves et des hommes. En Afrique, comme partout, le plus grand ennemi de l'homme, c'est l'homme.

Livingstone, à qui j'emprunte ce détail, dit qu'elle coule à l'ouest ; Baines, qui vient ensuite, l'a vu couler à l'est.

Pour Serpa Pinto, la Botletlé est la continuation du Cubango. Quand les eaux du Ngami sont hautes (ce qui arrive en mars et avril), elles coulent à l'ouest, c'est-à-dire au Grand-Macaricari. Au contraire, quand les eaux du Grand Macaricari sont hautes, elles coulent à l'est, c'est-à-dire au Ngami.

M. Henri Duveyrier, qu'il faut toujours citer quand on parle de l'Afrique, dit avec beaucoup de raison : « Malgré cette singularité si remarquable du renversement périodique du rôle de la Botletlé, compare-t-on la surface de terre qu'arrosent les petits tributaires est de la grande lagune du Makaricari à l'étendue du bassin du Koubango, on arrive à trouver que l'influence des premiers sur la formation de la lagune est pour ainsi dire nulle, et que le Makaricari doit son existence uniquement aux crues du Koubango. En effet, nous l'avons vu, non seulement le Makaricari n'est un lac que dans la saison qui suit les crues du Koubango, mais ce fleuve d'un bassin intérieur draine une surface de pays qui est au moins dix fois, peut-être même vingt fois plus grande que celle drainée par les petits tributaires est du Makaricari ». De cela, le savant géographe conclut que le Ngami, le Macaricari et les lagunes intermédiaires, sont des formations du Cubango.

Serpa Pinto se pose cette question : que deviennent les eaux de l'immense Cubango ? Il pense qu'une partie s'évapore dans le Macaricari, tandis que le reste alimente, par des conduits souterrains, des affluents septentrionaux de l'Orange et du Limpopo, féconde la contrée de grand avenir qui est comprise entre le 18° parallèle et la rivière d'Orange.

Cette partie de l'Afrique est inhospitalière et gardera peut-être encore longtemps son secret.

Serpa Pinto quitte, le 21 décembre, les bords du Grand Macaricari et arrive à Shoshong le 31 du même mois.

D'après les anciens voyageurs, Shoshong est situé par 23° 53' 30" de longitude est. Suivant le major de Serpa Pinto, elle serait par 25° ou 24° 59' (ses observations ont varié d'une minute), c'est-à-dire à plus de 110 kilomètres à l'est.

Serpa Pinto a reçu, à Shoshong, un excellent accueil. Un Anglais lui a fait don d'un beau cheval et de la somme dont il avait besoin pour se rendre à d'Urban ou Port-Natal.

Le 15 janvier 1879, il fait ses adieux à la famille Coillard. En passant à Adicul, il rend à la géographie un dernier service en rectifiant la situation du Limpopo, qu'il place par 24° 6' de latitude sud et 27° 32' de longitude est. Enfin, le 19 mars, 493 jours après son départ de Benguella, il arrive à Port-Natal, ayant parcouru près de 4.000 kilomètres, la plus grande partie dans des contrées peu ou point connues.

La valeur de ce voyage n'est pas dans sa longueur, mais dans la manière dont il a été fait. Sur ce point, j'ai consulté mon illustre collègue, M. Antoine d'Abbadie, de l'Institut. La compétence de M. d'Abbadie n'est contestée par personne, et j'ajoute que ce savant a eu entre les mains les journaux et les carnets de Serpa Pinto.

Voici ce qu'il m'a dit : « Serpa Pinto est un voyageur comme il y en a malheureusement trop peu et son voyage est l'un des mieux faits que je connaisse. Il a fait tous les jours des observations et, qui plus est, il les a calculées sur place. Ses carnets, tenus au jour le jour, sont d'une netteté parfaite. On dirait qu'il les a écrits dans son cabinet. C'est un voyageur instruit, d'une grande intelligence. Il a fait faire aux connaissances géographiques un pas considérable, et c'est avec justice que les sociétés de Paris et de Londres lui ont décerné leurs grandes médailles d'or ».

Plus qu'un mot : ses observations ont été recalculées à Londres, par M. Selwyn Sudgen, premier lieutenant-calculateur de la marine anglaise ; dans son récit et dans sa carte, il distingue soigneusement ce qu'il a vu de ce qu'il sait par ouï-dire ; il n'a jamais désespéré, alors même que tout paraissait perdu.

PARIS. — IMPRIMERIE F. LEVÉ, RUE CASSETTE, 17.

www.ingramcontent.com/pod-product-compliance
Ingram Content Group UK Ltd.
Pitfield, Milton Keynes, MK11 3LW, UK
UKHW020221200726
13856UKWH00004B/1539